<コンクール／吹奏楽オリジナル楽譜　Concert Band>

WSO-00008

FULL SCORE

池月（IKEZUKI）
～海を渡った馬の伝承～
〈小編成版〉

IKEZUKI

作曲：宮川成治

楽器編成表

*Piccolo Flute *Oboe *Bassoon B♭ Clarinet 1 *B♭ Clarinet 2 Bass Clarinet Alto Saxophone Tenor Saxophone Baritone Saxophone	B♭ Trumpet 1 *B♭ Trumpet 2 F Horn 1 *F Horn 2 Trombone 1 *Trombone 2 Euphonium Tuba *String Bass	Timpani Percussion 1 ...Tam-tam, Suspended Cymbal, Snare Drum, Crash Cymbals, Claves, Castanet, Hi-Hat, Triangle, Vibraphone *Percussion 2 ...Bass Drum, Crash Cymbals, Suspended Cymbal, Tam-tam, Tambourine, Triangle *Percussion 3 ...Glockenspiel, Xylophone, Wood Block

*印の楽譜はオプション

池月（IKEZUKI）
～海を渡った馬の伝承～
〈小編成版〉

IKEZUKI

作曲：宮川成治

　神奈川県横須賀市馬堀（まぼり）の地名に由来する伝承から、イメージを膨らませて作曲しました。性格の異なる２つの主題を中心に組み立てています。それぞれにキャラクターを与えると音楽作りがしやすいでしょう。（ストーリーに沿って作曲した訳ではありませんが、参考までに伝承のあらすじを掲載しておきます。）力強くも気高い演奏を期待します。

　吹奏楽版に続き、ご要望の多かった小編成版を再編しました。元々アンサンブル作品だったこともあって、少人数での演奏も可能です。

　演奏について：高音域及び低音域において技術的に演奏困難な音があった場合は、オクターブを含めてその和音の構成音で入れ替えて構いません（もちろん響きは変わります）。また、各ソロは他の楽器で演奏しても構いません。練習番号Jの冒頭は鍵盤打楽器のアンサンブルとなっていますが、管楽器で演奏することも可能です。

　演奏時間の制約でやむを得ずカットする場合は、第32～50小節の間でいくつかのアイデアを見つけられると思います（ここを全てカットすると25秒前後短縮できます）。それ以上短くしたい場合は、セクション単位で大きくカットしてください。

　編成について：各パート１名を想定しています（B♭クラリネットは各２名が望ましい）。人数の増減によるバランスには十分配慮してください。ピッコロ、オーボエ、ファゴット、ストリングベース及び各下位パートは省略可能です。ただしB♭クラリネット２を省略した場合はハーモニーが不足する部分があります。他パートで適宜補ってください。

　打楽器について：奏者が１名しかいない場合はティンパニを演奏しつつ、パーカッションのソロを可能な範囲でフォローしてください。パーカッションパートの優先順位は番号順です。人数不足を想定してパーカッション１に必要な楽器を集めたため、持ち替えが忙しい部分があります。人数が十分な場合はパート間で楽器を入れ替えるなど、工夫すると良いでしょう。

　＜あらすじ＞
　その昔、房州嶺岡（現・千葉県鴨川市江見）の地に一頭の暴れ馬がいました。気性が荒いことから「荒潮（あらしお）」と呼ばれ、誰も近寄りません。それを良いことに田畑を荒らすようになった荒潮は、困り果てた村人たちに追い払われてしまいます。逃げ場を失った荒潮は、海に飛び込むと浦賀水道（東京湾）を渡り、相模国・小原台（現・神奈川県横須賀市小原台）に泳ぎ着きました。

　さすがの暴れ馬も、疲れと喉の渇きには勝てず、逃げ込んだ山中で倒れてしまいます。すると不思議なことに、夢枕に馬頭観音が現れ、傍らの岩を蹄で蹴るようにとのお告げがありました。お告げのままに岩を蹴ると、そこから清水がこんこんと湧き出しました。命からがらにその湧き水で喉を潤すと、荒潮は見る見るうちに、毛並みの美しい鹿毛色の駿馬に姿を変えたのでした。荒潮は生まれ変わったその美しい姿から「美女鹿毛（びじょかげ）」と呼ばれるようになります。そして人々はその奇跡の清水を「蹄の井」と呼び、いつしかこの地は馬堀と呼ばれるようになりました。

　この噂を聞いた領主・三浦義澄は馬を捕獲し、時の将軍・源頼朝公に献上しました。大そう喜んだ頼朝は「池月」と命名します。寿永２年（１１８４年）、宇田川の合戦に際し、頼朝は池月を佐々木四郎高綱に与え戦に挑んだのでした。平家物語に記されるこの合戦において名声を残すこととなった名馬「池月」の伝説や史跡は、この他にも日本各地に残されています。

作曲者プロフィール / 宮川成治　Seiji Miyagawa

　1972年、神奈川県三浦市生まれ。高校時代に吹奏楽と出会い、音楽人生が始まる。当時は打楽器を担当していた。作編曲は独学で、初めて編曲じみた事をしたのは高校3年生の頃だったように記憶している。その後、一般の大学に進むも音楽の楽しさが忘れられず、学生バンドの指導を始め今に至る。

　作曲よりも現場のニーズに合わせた編曲をする事が多く、叩き上げで今の技術と知識を身に付けた。現在は学生バンドを指導する傍ら、地域の吹奏楽団・ビッグバンド等で演奏活動を続け、作品を提供している。

主な吹奏楽作品に『BRISA LATINA』、『CELEBRATION』、『STAR of LIFE』、『Angels Ladder』、『池月（IKEZUKI）～海を渡った馬の伝承～』、アンサンブル作品に『RUBBER DUCK RACE』、『ラノベ ファンタジア』、『駅猫diary』、編曲作品多数。第12回「21世紀の吹奏楽"響宴"」入選、出品。

池月(IKEZUKI)
～海を渡った馬の伝承～〈小編成版〉
IKEZUKI

宮川成治　作曲

池月（IKEZUKI）〜海を渡った馬の伝承〜〈小編成版〉

池月（IKEZUKI）〜海を渡った馬の伝承〜〈小編成版〉

池月（IKEZUKI）〜海を渡った馬の伝承〜〈小編成版〉

池月 (IKEZUKI) 〜海を渡った馬の伝承〜 〈小編成版〉

池月（IKEZUKI）〜海を渡った馬の伝承〜〈小編成版〉

池月（IKEZUKI）～海を渡った馬の伝承～〈小編成版〉

池月（IKEZUKI）〜海を渡った馬の伝承〜〈小編成版〉

池月（IKEZUKI）〜海を渡った馬の伝承〜〈小編成版〉

池月（IKEZUKI）～海を渡った馬の伝承～〈小編成版〉

池月（IKEZUKI）〜海を渡った馬の伝承〜〈小編成版〉

池月（IKEZUKI）～海を渡った馬の伝承～〈小編成版〉

池月（IKEZUKI）〜海を渡った馬の伝承〜〈小編成版〉

池月（IKEZUKI）〜海を渡った馬の伝承〜〈小編成版〉

池月（IKEZUKI）〜海を渡った馬の伝承〜〈小編成版〉

池月（IKEZUKI）〜海を渡った馬の伝承〜〈小編成版〉

池月（IKEZUKI）〜海を渡った馬の伝承〜〈小編成版〉

池月 (IKEZUKI) ～海を渡った馬の伝承～ 〈小編成版〉

池月（IKEZUKI）〜海を渡った馬の伝承〜〈小編成版〉

池月（IKEZUKI）〜海を渡った馬の伝承〜〈小編成版〉

池月（IKEZUKI）〜海を渡った馬の伝承〜〈小編成版〉

池月（IKEZUKI）〜海を渡った馬の伝承〜〈小編成版〉

池月（IKEZUKI）〜海を渡った馬の伝承〜〈小編成版〉

池月（IKEZUKI）〜海を渡った馬の伝承〜〈小編成版〉

池月（IKEZUKI）～海を渡った馬の伝承～〈小編成版〉

池月（IKEZUKI）〜海を渡った馬の伝承〜〈小編成版〉

池月（IKEZUKI）～海を渡った馬の伝承～〈小編成版〉

池月（IKEZUKI）〜海を渡った馬の伝承〜〈小編成版〉

池月 (IKEZUKI) ～海を渡った馬の伝承～ 〈小編成版〉

発行者:株式会社ウィンズスコア

TEL:**0120-713-771**　　FAX:**03-6809-0594**

※この出版物の全部または一部を権利者に無断で複製(コピー)することは、
　著作権の侵害にあたり、著作権法により罰せられます。

※万一、落丁・乱丁などの不良品がありましたらお取り替えいたします。
　また、ご意見・ご感想もホームページより受け付けておりますので、
　お気軽にお問い合わせください。

ご注文について　　楽譜のご注文は、WEBサイトまたは全国の楽器店ならびに書店にて。
　　　　　　　　　(WEBサイトは、各レーベルの右側QRコードよりアクセスしてください。)

楽曲編曲使用許諾書

＜本楽曲楽譜の編曲について＞コンクール等での演奏の際に本楽曲楽譜に変更を加える場合は、本許諾書に必要事項を記入の上、所定の機関にご提出ください。

提出日：　　　年　　月　　日

演奏団体名　＿＿＿＿＿＿＿＿＿＿＿＿＿＿＿＿＿＿＿＿＿＿

代表者名　＿＿＿＿＿＿＿＿＿＿＿＿＿＿＿＿＿＿＿＿＿＿

楽曲名　　池月（IKEZUKI）〜海を渡った馬の伝承〜〈小編成版〉

作曲者名　宮川成治　　　　　　　　　　　　商品番号　WSO-00008

次のすべての項目を踏まえた編曲使用をいたします。【すべての項目の□にチェックを入れてください。】

☐ 演奏時間の都合上小節をカットして演奏したり、編成を変えて演奏いたします。
☐ 新しく作った音列の追加や削除、楽曲の基本的なメロディー、ハーモニー、リズムの変更はいたしません。
☐ 原曲のイメージを尊重し作曲者本人の著作者人格権に抵触しない編曲をいたします。
☐ 電子オルガン、マンドリンなど演奏形態の全く異なる編成への編曲はいたしません。
☐ 上記項目の範囲を超えた編曲をする場合は、株式会社ウィンズスコアに別途編曲使用申請を行い、本許諾書は無効であることを理解しています。

上記内容について編曲使用することを許諾いたします。
（出場する大会規約への違反行為や不正行為により問題が生じた場合、弊社は一切の責任を負いません。）

WindsScore　株式会社ウィンズスコア
TEL:0120-713-771　FAX:03-6809-0594

Piccolo

池月(IKEZUKI)
~海を渡った馬の伝承~〈小編成版〉
IKEZUKI

宮川成治　作曲

Piccolo

池月（IKEZUKI）〜海を渡った馬の伝承〜〈小編成版〉

Bassoon

池月(IKEZUKI)
～海を渡った馬の伝承～〈小編成版〉
IKEZUKI

宮川成治 作曲

B♭ Clarinet 2

池月(IKEZUKI)
~海を渡った馬の伝承~〈小編成版〉
IKEZUKI

宮川成治　作曲

Bass Clarinet

池月(IKEZUKI)
～海を渡った馬の伝承～〈小編成版〉
IKEZUKI

宮川成治 作曲

Alto Saxophone

池月(IKEZUKI)
~海を渡った馬の伝承~〈小編成版〉
IKEZUKI

宮川成治 作曲

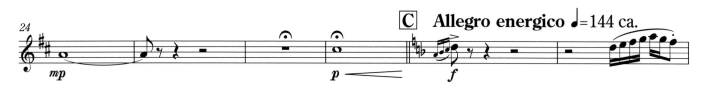

© 2016 Winds Score Inc.

Tenor Saxophone

池月(IKEZUKI)
~海を渡った馬の伝承~〈小編成版〉
IKEZUKI

宮川成治 作曲

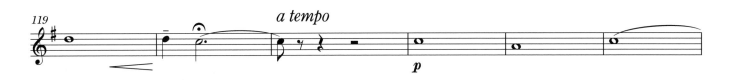
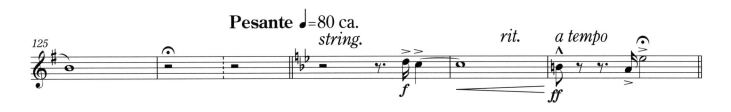

B♭ Trumpet 1

池月(IKEZUKI)
~海を渡った馬の伝承~〈小編成版〉
IKEZUKI

宮川成治　作曲

Trombone 2

池月(IKEZUKI)
~海を渡った馬の伝承~〈小編成版〉
IKEZUKI

宮川成治 作曲

Percussion 3
Glockenspiel, Xylophone, Wood Block

池月(IKEZUKI)
～海を渡った馬の伝承～〈小編成版〉
IKEZUKI

宮川成治 作曲

Percussion 2

池月（IKEZUKI）〜海を渡った馬の伝承〜〈小編成版〉

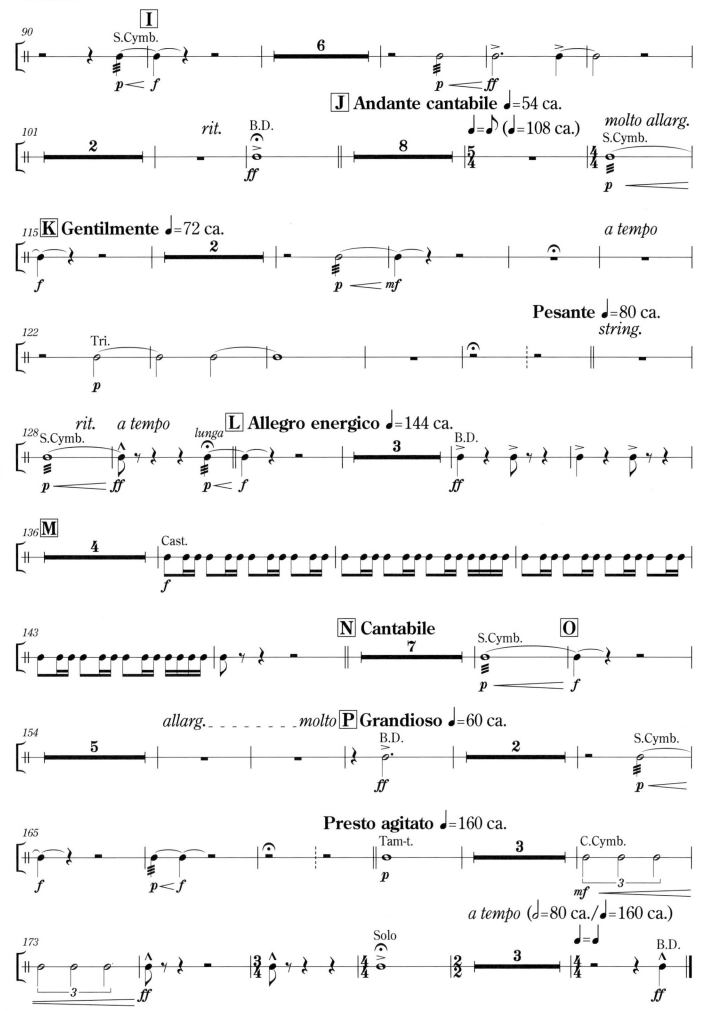

Percussion 2

Bass Drum, Crash Cymbals, Suspended Cymbal,
Tam-tam, Tambourine, Triangle

池月(IKEZUKI)
～海を渡った馬の伝承～〈小編成版〉
IKEZUKI

宮川成治　作曲

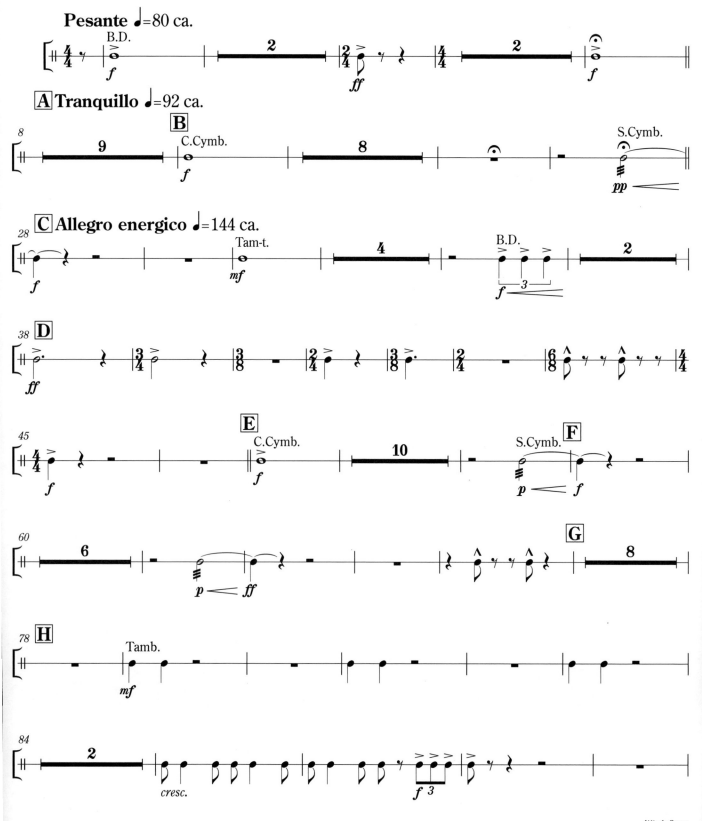

Percussion 1

Tam-tam, Suspended Cymbal, Snare Drum, Crash Cymbals,
Claves, Castanet, Hi-Hat, Triangle, Vibraphone

池月(IKEZUKI)
～海を渡った馬の伝承～〈小編成版〉
IKEZUKI

宮川成治　作曲

Timpani

池月（IKEZUKI）〜海を渡った馬の伝承〜〈小編成版〉

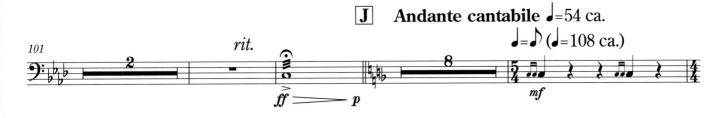
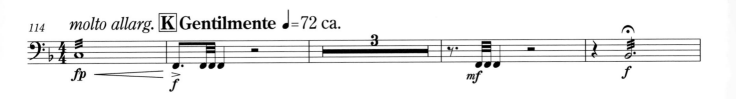
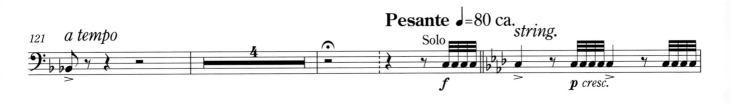
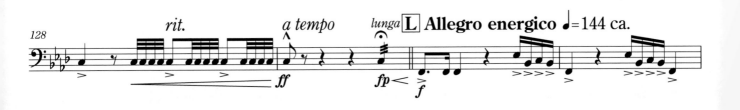

Timpani

池月（IKEZUKI）〜海を渡った馬の伝承〜〈小編成版〉